# 신기한 스쿨버스™

**③ 아널드, 버스를 삼키다**

조애너 콜 글 · 브루스 디건 그림 | 이연수 옮김 | 서울초등기초과학연구회 감수

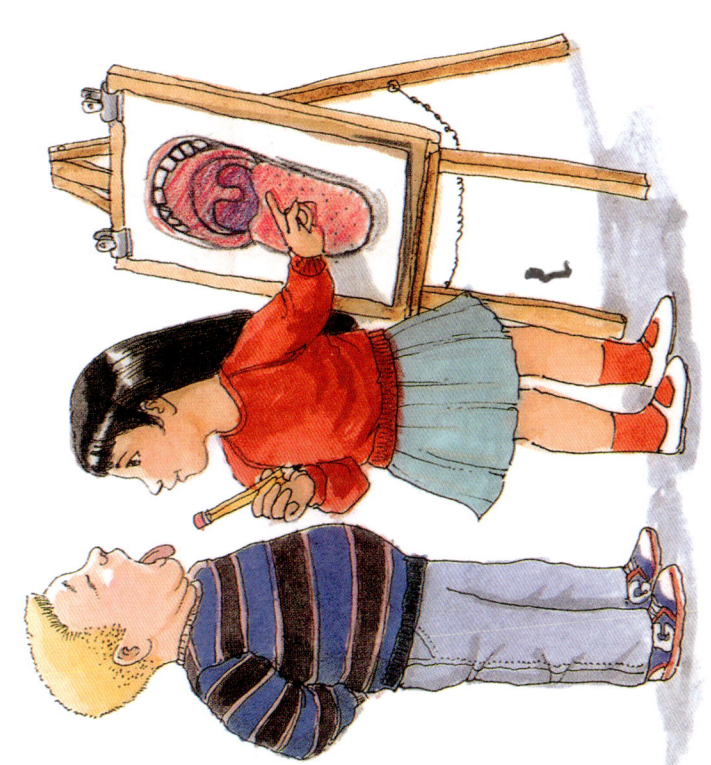

비룡소

이 책을 준비하는 데에 도움을 준 존스홉킨스대학교 의과대학 어린이 발달 과정 학과장이며, 소아학과 부교수인 아널드 캐푸드 박사님께 감사드립니다.

### ❸ 아널드, 버스를 삼키다

글쓴이 조애너 콜 그린이 브루스 디건 옮긴이 이연수 감수 서울초등기초과학연구회
펴낸이 박상희 편집장 전지선 편집 조은영 디자인 이현숙 펴낸곳 (주)비룡소
출판등록 1994. 3. 17.(제16-849호) 주소 06027 서울시 강남구 도산대로1길 62 강남출판문화센터 4층
전화 영업 02)515-2000 팩스 02)515-2007 홈페이지 www.bir.co.kr
제품명 어린이용 각양장 도서 제조자명 (주)비룡소 제조국명 대한민국 사용연령 3세 이상

1판 1쇄 펴냄 — 1999년 10월 1일, 1판 54쇄 펴냄 — 2018년 1월 18일
2판 1쇄 펴냄 — 2018년 11월 15일, 2판 6쇄 펴냄 — 2023년 3월 10일

The Magic School Bus®: Inside the Human Body by Joanna Cole and illustrated by Bruce Degen
Text Copyright © 1989 by Joanna Cole
Illustrations Copyright © 1989 by Bruce Degen
All rights reserved.
Korean Translation Copyright © 1999 BIR Publishing Co., Ltd.
Korean translation edition is published by arrangement with Scholastic Inc., 555 Broadway, New York, NY 10012, USA through KCC(Korea Copyright Center Inc.), Seoul.
Scholastic, THE MAGIC SCHOOL BUS®, 신기한 스쿨버스™ and/or logos are trademarks and registered trademarks of Scholastic, Inc.

이 책의 한국어판 저작권은 (주)한국저작권센터(KCC)를 통해 Scholastic, Inc.와 독점 계약한 (주)비룡소에 있습니다.
저작권법으로 한국 내에서 보호를 받는 저작물이므로 무단 전재와 복제를 금합니다.

ISBN 978-89-491-5403-9 74400/ ISBN 978-89-491-5413-8(세트)

우리 몸은 세포로 이루어져 있습니다.
— 레이첼

우리 몸은 조각 한 개인 것 같지만, 사실은 세포라고 하는 아주 작은 조각 수십조 개로 이루어져 있습니다.

내 몸 세포는 수십조 개야!

나도 그래.

바로 다음 날, 포티를 선생님은 우리가 우리 몸을 직접 관찰하게 했어요.

## 우리 몸을 이루는 세포를 직접 보세요

세포는 대부분 아주 작아서 현미경 없이는 볼 수 없습니다.

① 면봉으로 볼 안쪽을 살살 긁어 내세요.

② 슬라이드 위에 볼 안쪽을 긁어 낸다고 면봉 끝으로 문질러 세포를 떼어내세요.

③ 볼 안쪽에 아이오딘 팅크처* 한 방울을 떨어뜨리세요. 세포를 물들이기 위해서랍니다.

④ 슬라이드를 현미경에 끼우고 보세요. 세포를 볼 수 있어요.

*아이오딘 팅크처는 주로 빨간색 소독약으로 쓰요. 세포를 염색할 수도 있어요.

우와, 이것 봐!

좋은 음식을 먹어야 건강해집니다.

그래야
몸이 자라고 에너지를 충분히
얻으려면 음식을 골고루
먹어야 합니다.

고기와 우유, 유제품
생선, 달걀, 콩, 치즈, 요구르트
우유, 유제품
신선한 과일과 채소
빵, 국수, 감자

하루 세 번 꼬박꼬박 음식을 먹어야 합시다.

몸에 좋은 음식을 드세요—

사탕은 이에 나쁩니다.
이 과자에서 소금과 설탕을
너무 많이 먹으면
살이 찌고 건강을 해칠 수 있으니
조금만 먹어야 합니다.

출발할 시간이 되자 모두들 버스에 올라탔어요.
아널드만 빼고요.
아널드는 여전히 딴 생각만 하면서 치즈 과자를
먹고 있었답니다.

그 버스 세차게 에너지를 얻으려면 몸에 좋은 음식을 먹어야 해요.
음식을 골고루 섭취하세요.

프리즐 선생님이 외쳤어요.
"안녕~, 빨리 타렴!"
선생님은 자동차 열쇠를
꽂으려다 말고 이상하게
생긴 단추를 눌렀어요.

아이들은 말 안 하나 봐.

그러자 갑자기 버스가
작아지더니 허공에서
빙글빙글 맴돌았어요.

우리는 버스 안에 있었기
때문에 무슨 일이 일어나고
있는지 알 수 없었죠.
차우 알 수 있었던 건 갑자기
이 안에 착륙했다는 것과……

꿀꺽! 아,
버스는 어디 갔지?

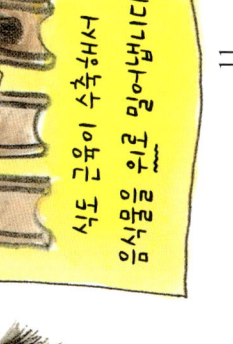

식도 근육이 수축해서
음식물을 위로 밀어냅니다.

음식물은 식도를 거쳐서
위로 내려갑니다.

음식물은 식도에서
위로 그냥 떨어지지 않습니다.
음식물은 튜브 안에 든
치약을 짜내 듯 때려갑니다.
근육 운동으로 밀어
내려가는 음식물은
거꾸로 서도 10m가량
내려갑니다.
그래서 우리는
거꾸로 서서도
음식을 먹을 수 있습니다.

어두운 터널을 내려가고 있다는 것뿐이었어요.
우린 도대체 어디에 있는 걸까요?
하지만 포리플 선생님은 언제나처럼 알고 있었어요.
선생님은 우리가 사람 몸속에 들어가 식도를 타고 내려가고
있다고 말했죠. 그리고 식도란 목구멍에서 위까지
가는 길이라는 것도요. 하지만 우리 모두는 아널드를 두고 온 것이
너무 걱정돼서 선생님 말에 귀를 기울일 수 없었답니다.

앗 춥잖아!

여긴 도대체 어디야?

아널드는 어디지?

어떻게 해야 하나요?
학교에서는 한 번도
이런 일은……
수학여행으로 해야죠.

아이들은 음식물
덩어리 같아!

왜 아무도 계획표에 가르쳐 주지 않아요?

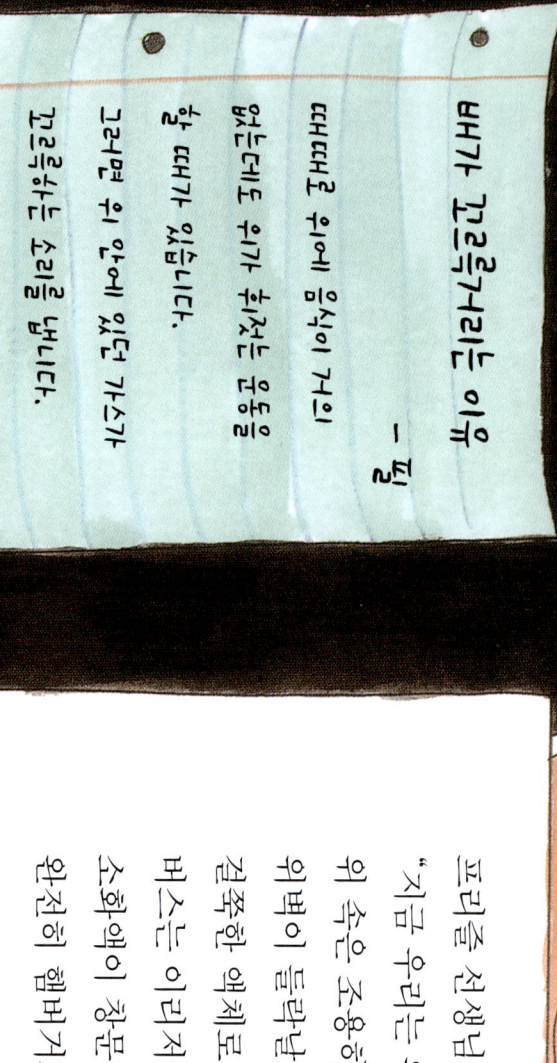

배가 꼬르륵거리는 이유
— 필

때때로 위에 음식이 거의
어느 때는 위가 춤추는 운동을
할 때가 있습니다.
그러다 위 안에 있던 가스가
꼬르륵하는 소리를 냅니다.

휘잉~
위는 늘 안에
들어 있는 밀가루처럼
일을 해요.

프리즐 선생님이 말했어요.
"지금 우리는 위에 있어요."
위 속은 조용하지 않았어요.
위벽이 들락날락하면서 음식물을 휘젓고 으깨서
걸쭉한 액체로 만들어 버렸죠.
버스는 이리저리 뒤집혔고,
소화액이 창문에 철썩거리며 부딪쳤어요.
완전히 햄버거가 되는 기분이 들었죠.

여러분, 창문을 닫으세요.

으웩!

작은창자는 이리저리 꼬여 있는 고무호스 같았어요. 작은창자의 안쪽 벽에는 아주 작은 손가락 모양 같은 '융털'이 잔뜩 덮여 있었죠.
"융털 안에는 모세혈관이 있답니다. 음식물을 받아 이 혈관 안으로 흡수돼요. 음식물이 혈관 안에 들어가면 온몸으로 갈 수 있게 되죠."
우리는 몸이 점점 더 작아지는 기분이 들었어요. 그때쯤 프리즐 선생님이 버스를 운전해서 융털 안으로 들어갔어요.
그리고 곧장 혈관으로 들어갔죠!

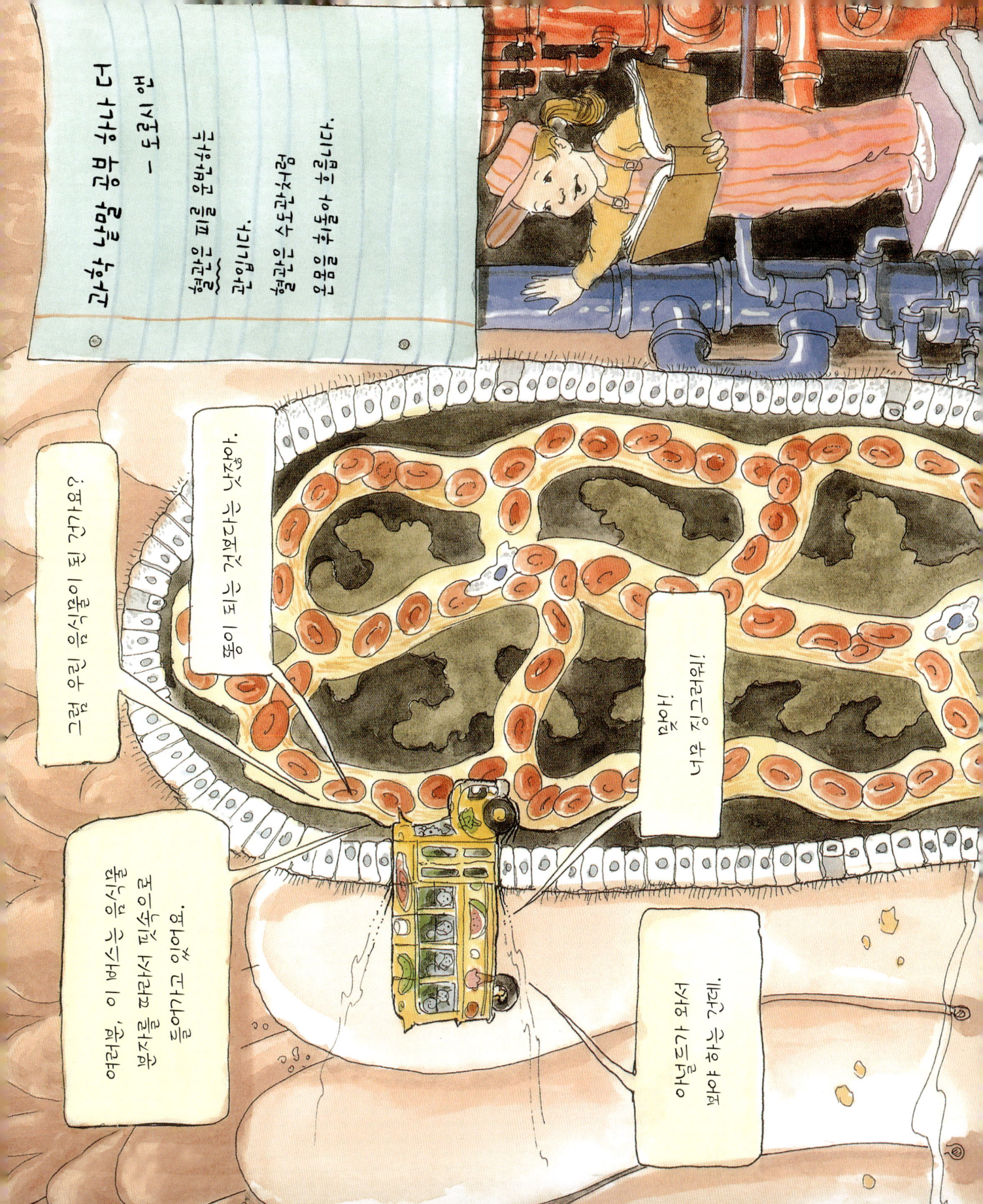

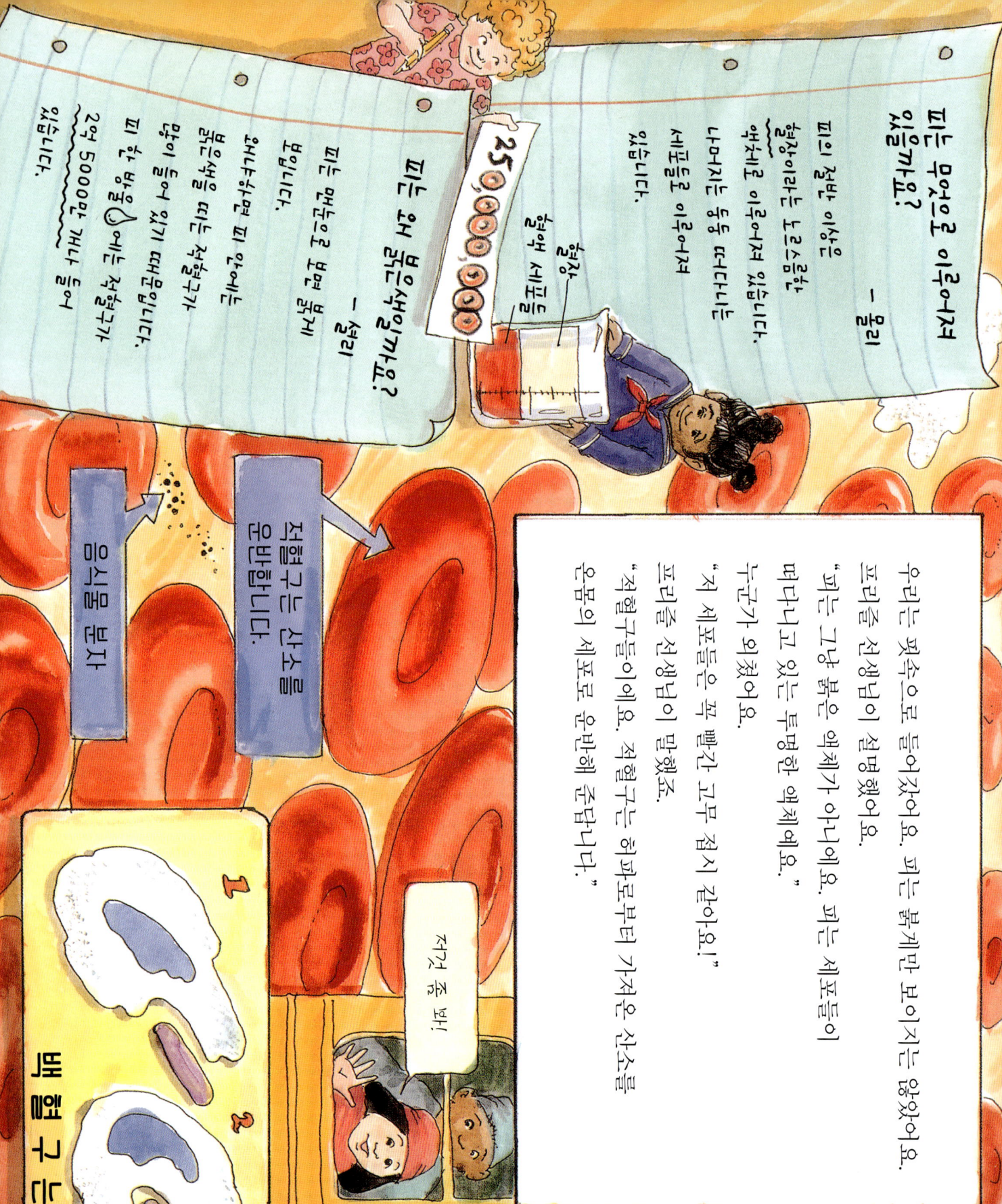

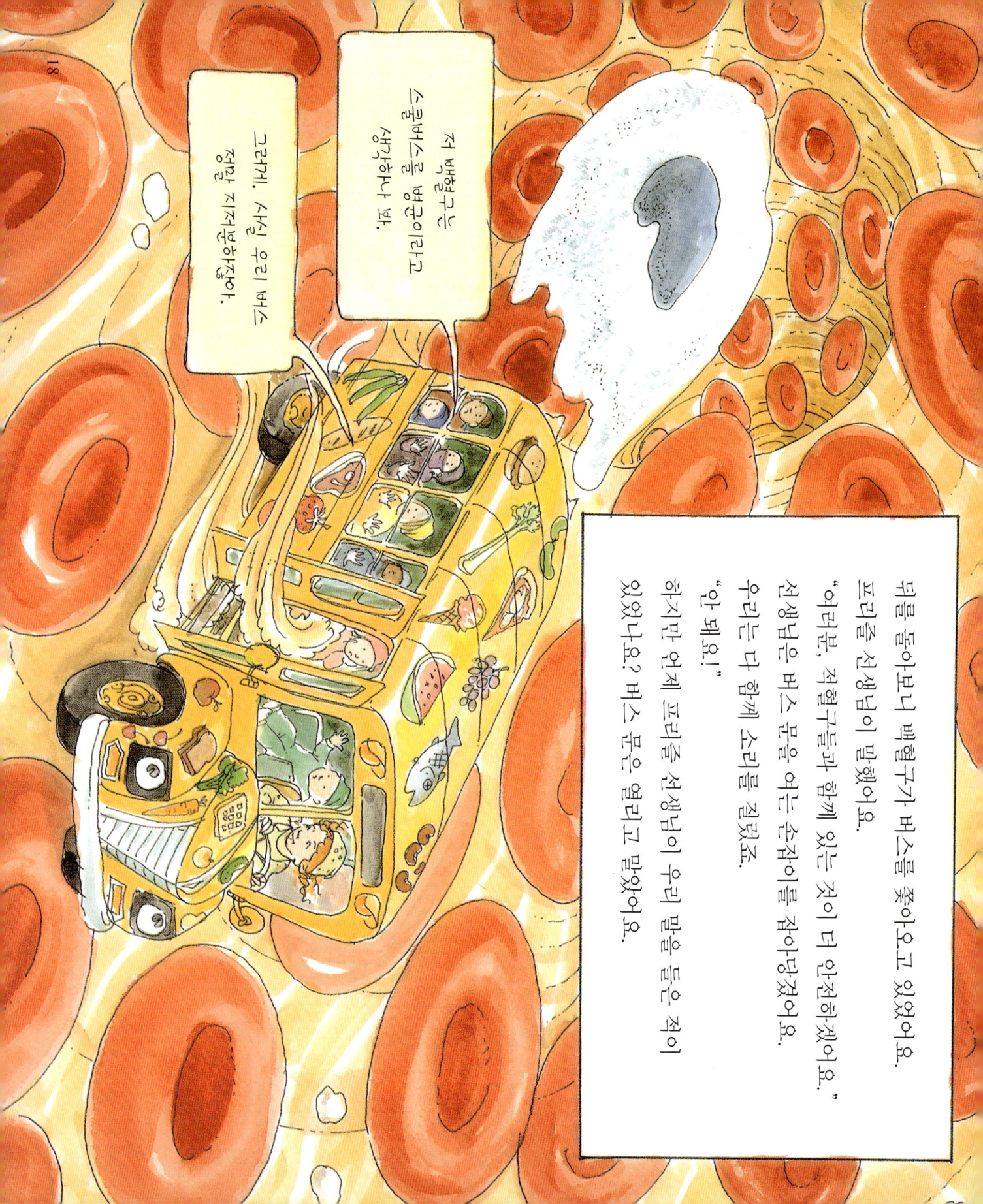

저 백혈구는
숙제를 매우어라고
생각하나 봐.

그러게, 사실 우수
제가 제일 급하잖아.

뒤를 돌아보니 백혈구가 버스를 쫓아오고 있었어요.
프리즐 선생님이 말했어요.
"여러분, 적혈구들과 함께 있는 것이 더 안전하겠어요."
선생님은 버스 문을 여는 손잡이를 잡아당겼어요.
우리는 다 함께 소리를 질렀죠.
"안 돼요!"
하지만 언제 프리즐 선생님이 우리 말을 들은 적이
있었나요? 버스 문은 열리고 말았어요.

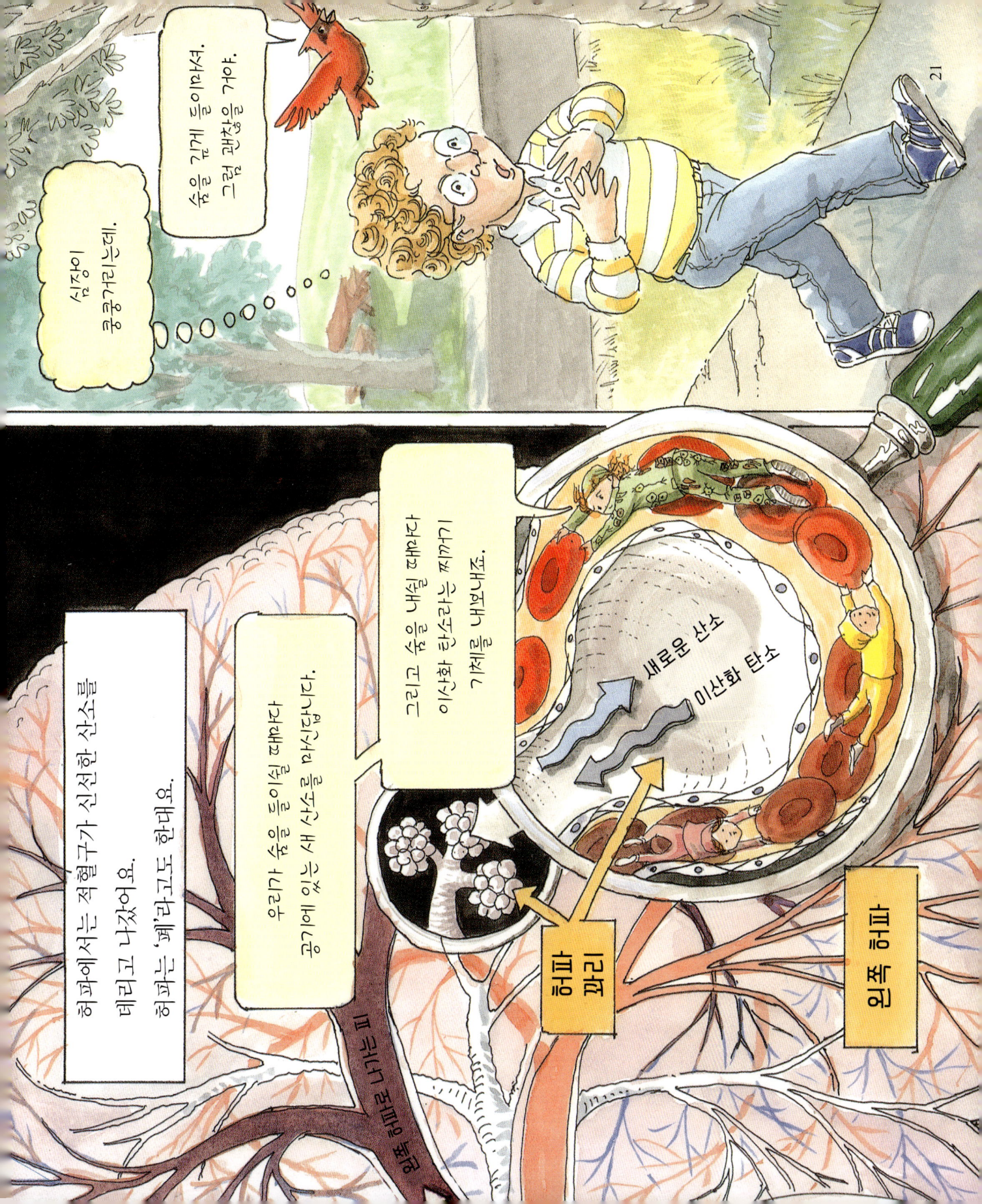

피는 돌고 돕니다. — 마이클

몸속에 있는 피는
밥도 제대로 먹는 시간 동안
온몸을 한 바퀴 돕니다.
이를 피의 순환이라고 합니다.

과학이 나보다 더 안다

숨 쉬고 '돕니다'라는 뜻입니다.
피는 사람이 죽을 때까지 순환합니다.

적혈구는 우리들을 허파에서 심장까지 데려다 주었어요. 대신 이번에는 심장 원쪽에 있는 좌심방과 좌심실로 들어갔어요. 좌심방과 좌심실은 신선한 피를 다시 온몸으로 내보내는 곳이에요. 프리즐 선생님이 말했어요.
"얘들아, 지금 우리를 태운 적혈구가 되로 가려는 모양이에요."

이것 좀 봐! 적혈구가
산소를 실었으니까 다시
밝은 빨간색이 됐어!

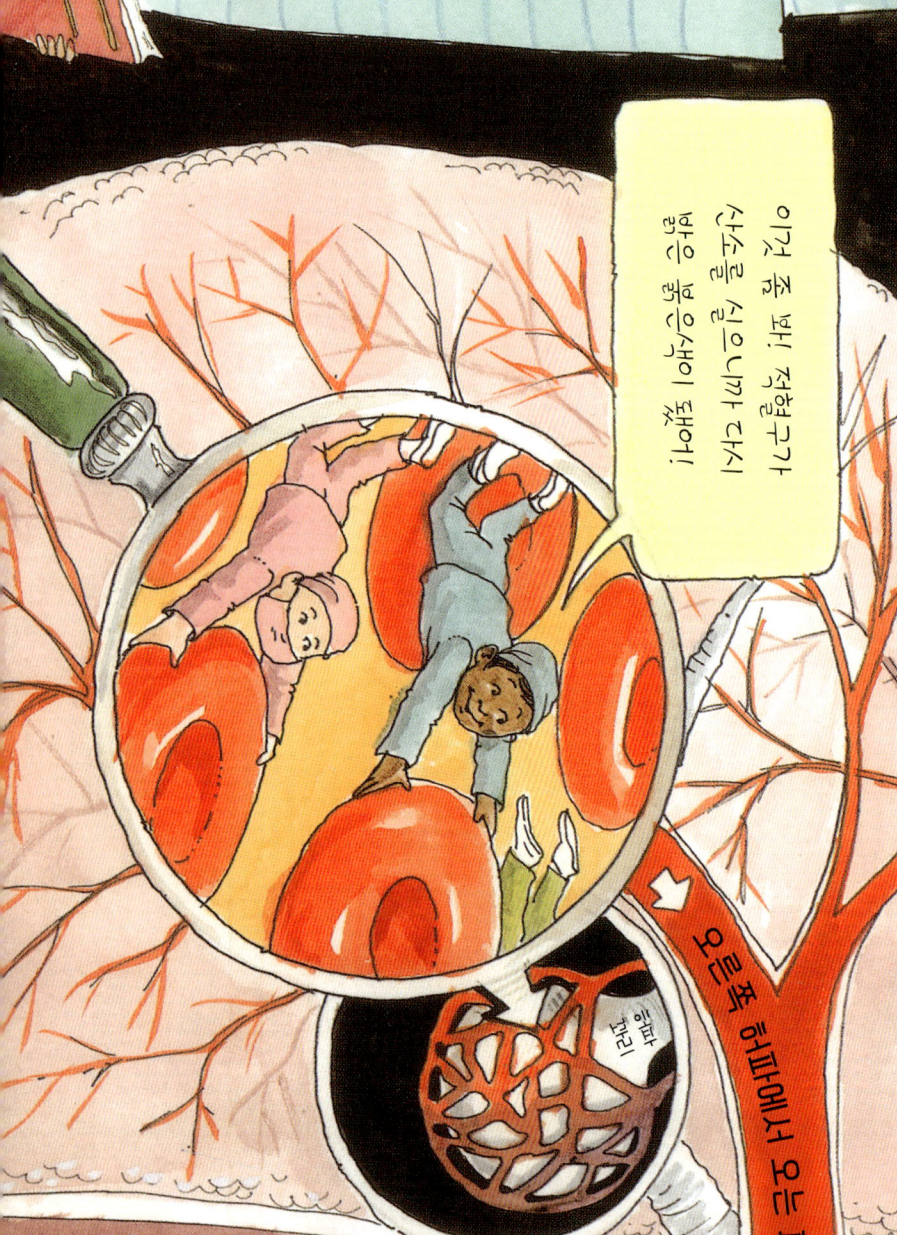

오른쪽 허파에서 오는 피

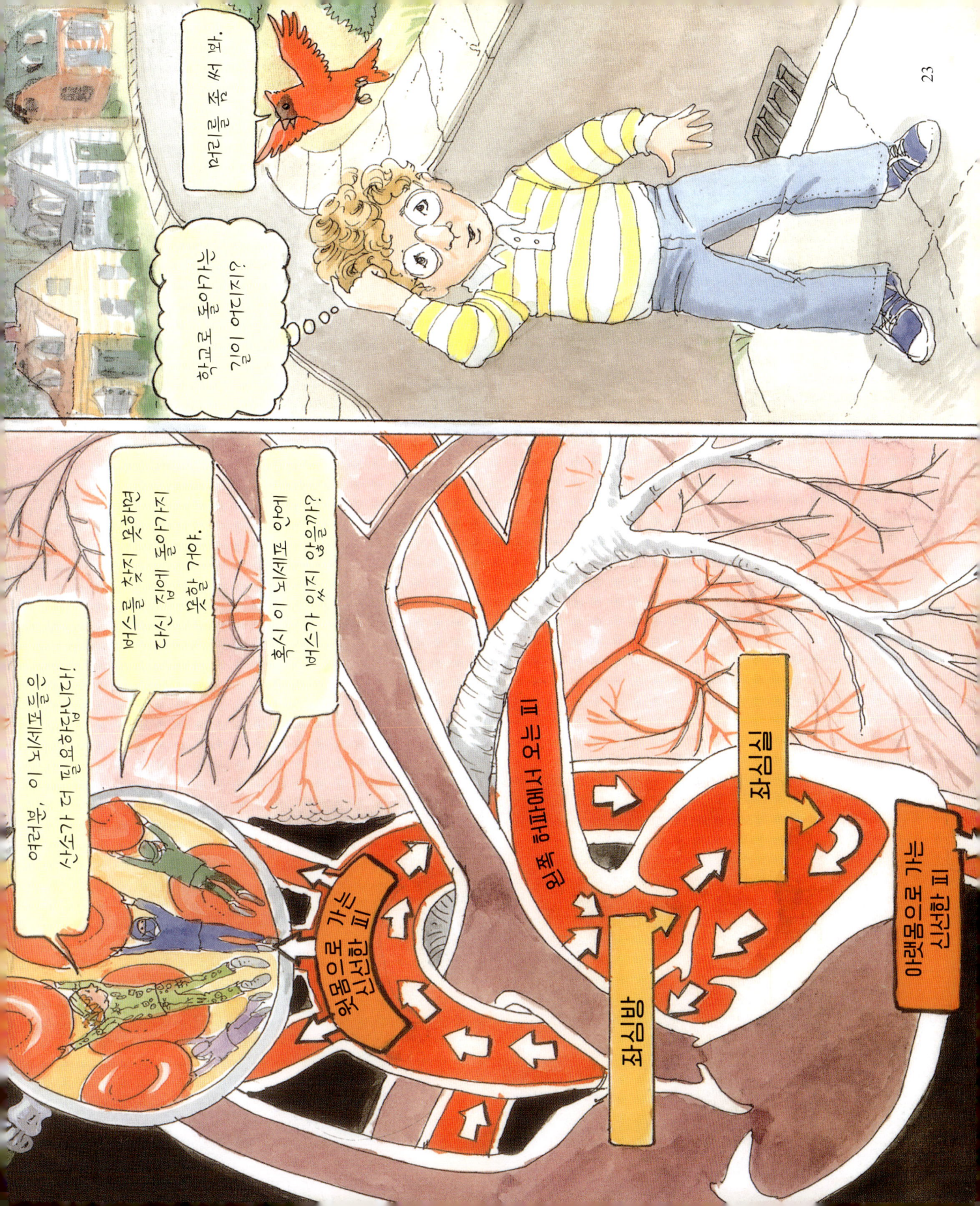

뇌는 항상 일을 합니다.
— 알렉스

뇌는 사람이 잠을 자고 있을 때도
심장을 뛰게 하고,
숨을 쉬게 합니다.
또, 몸에 있는 다른 기관들도
조절합니다.

뇌에 도착하자 우리는 타고 있던 적혈구를 놓아 주고 혈관 밖으로 나갔어요. 이 주름투성이 회색 덩어리가 우리 몸을 조절하는 중심 기관이라니, 정말 믿기 어려웠죠.

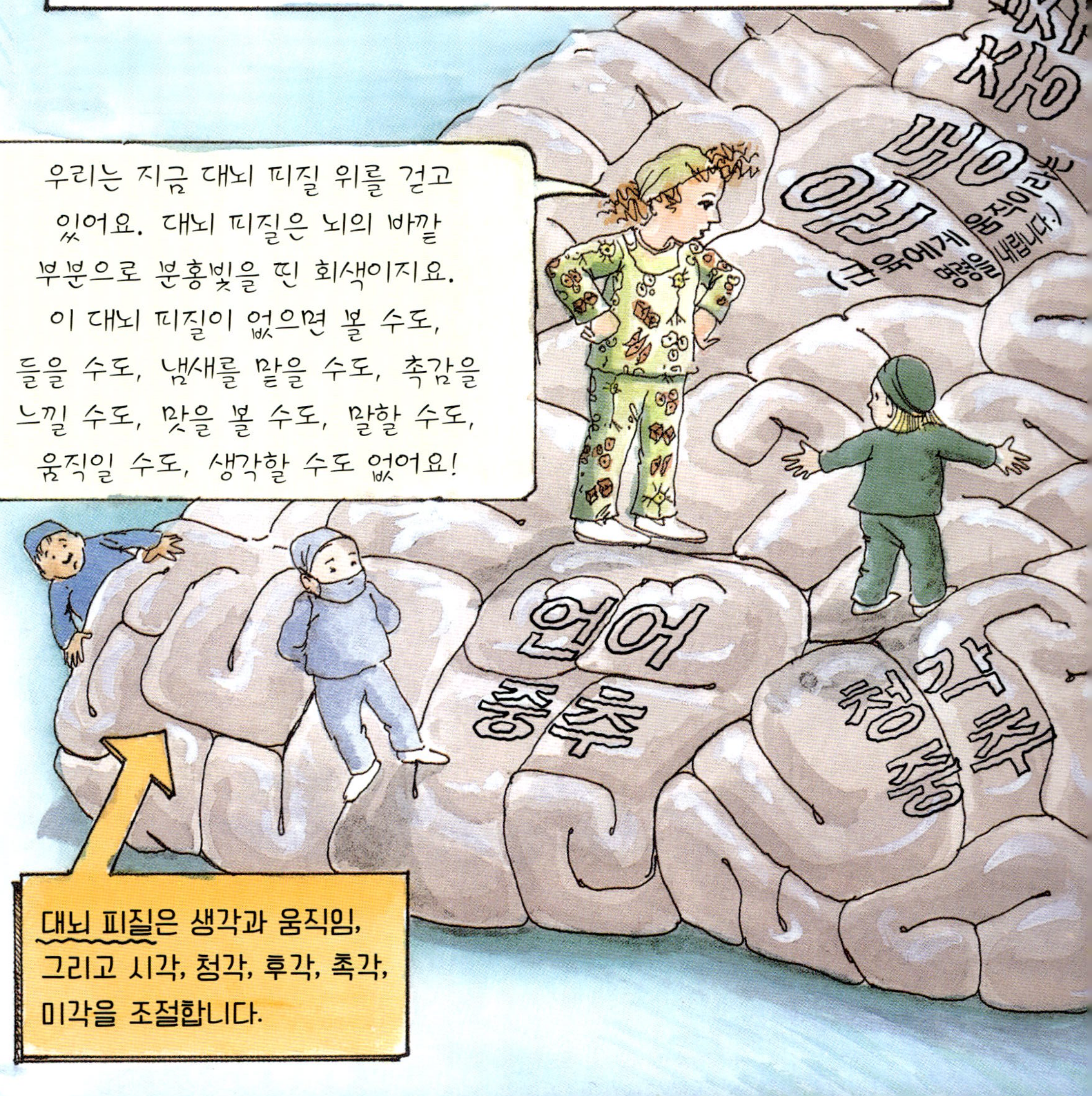

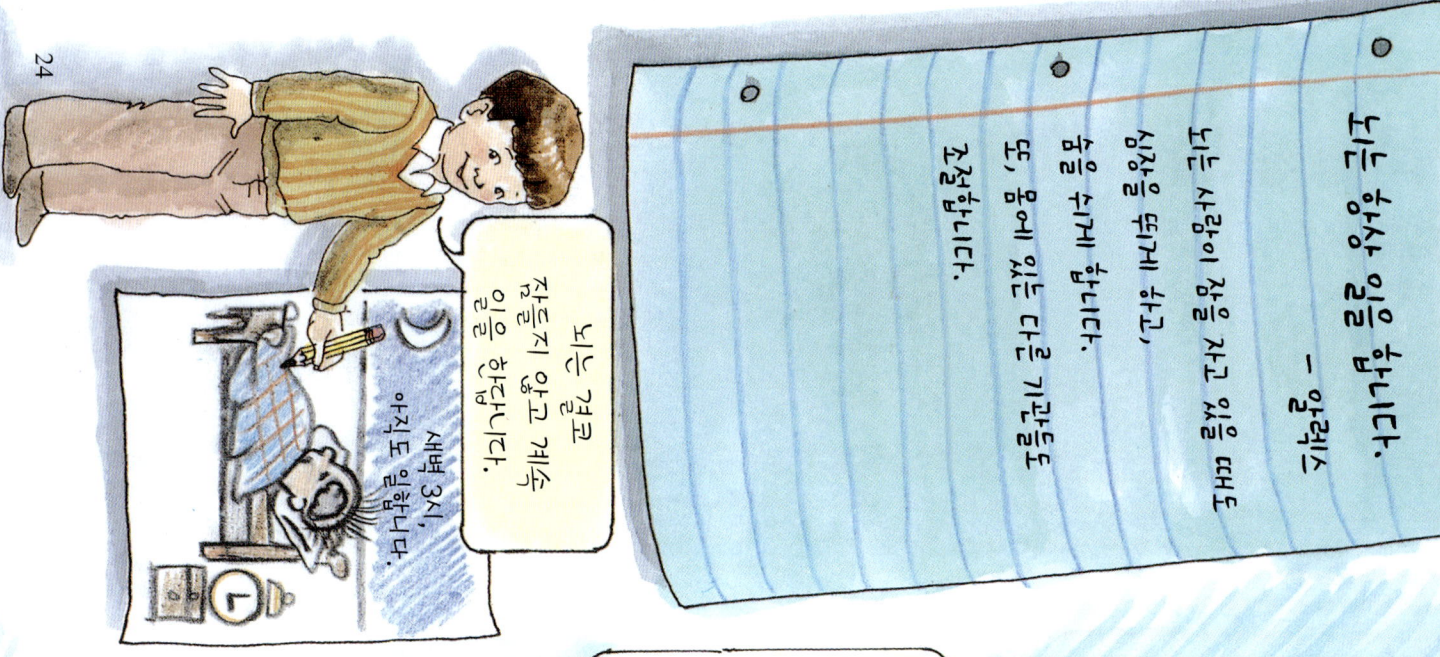

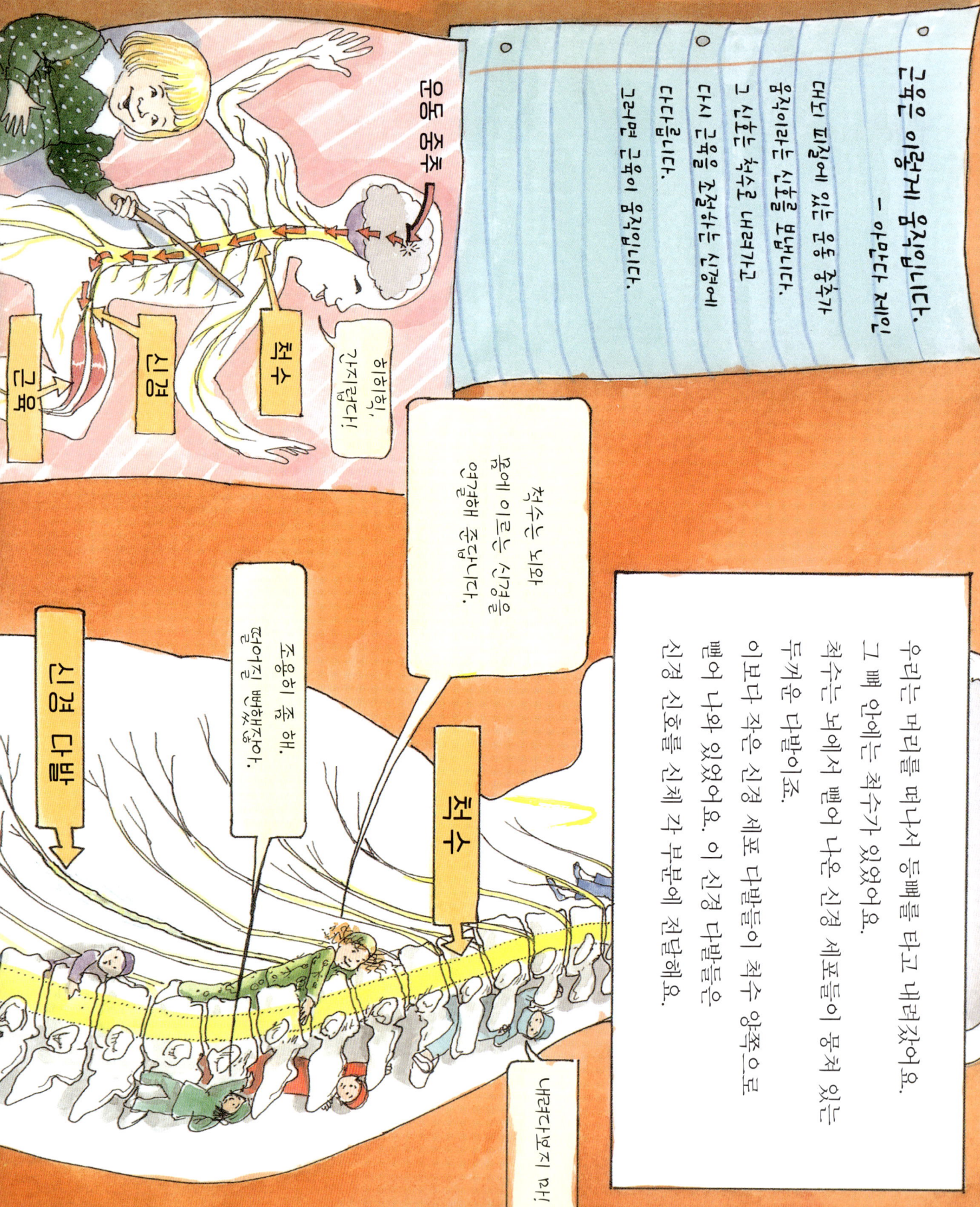

우리는 가까이 있는 혈관으로 들어갔어요.
피는 엄청 빠르게 움직이고 있었죠.
우리는 서로 엉겨붙어랴 꽉 잡이 났어요.
하지만 바로 그 순간 버스가 가까이 떼왔답니다.
얼마나 다행이었는지 몰라요.
우리는 잽싸게 버스에 뛰어올랐어요.
그러자 버스는 다시 우리가 지나왔던 심장과 허파를
지나 위로 올라갔죠.

여러분, 이제 눈 밖으로
나가 거예요.

신이다. 드디어
돌아간다.

아직도 걱정스럽게 잠한 구가
아시는 수 있어요?
할머니는데 어떻게

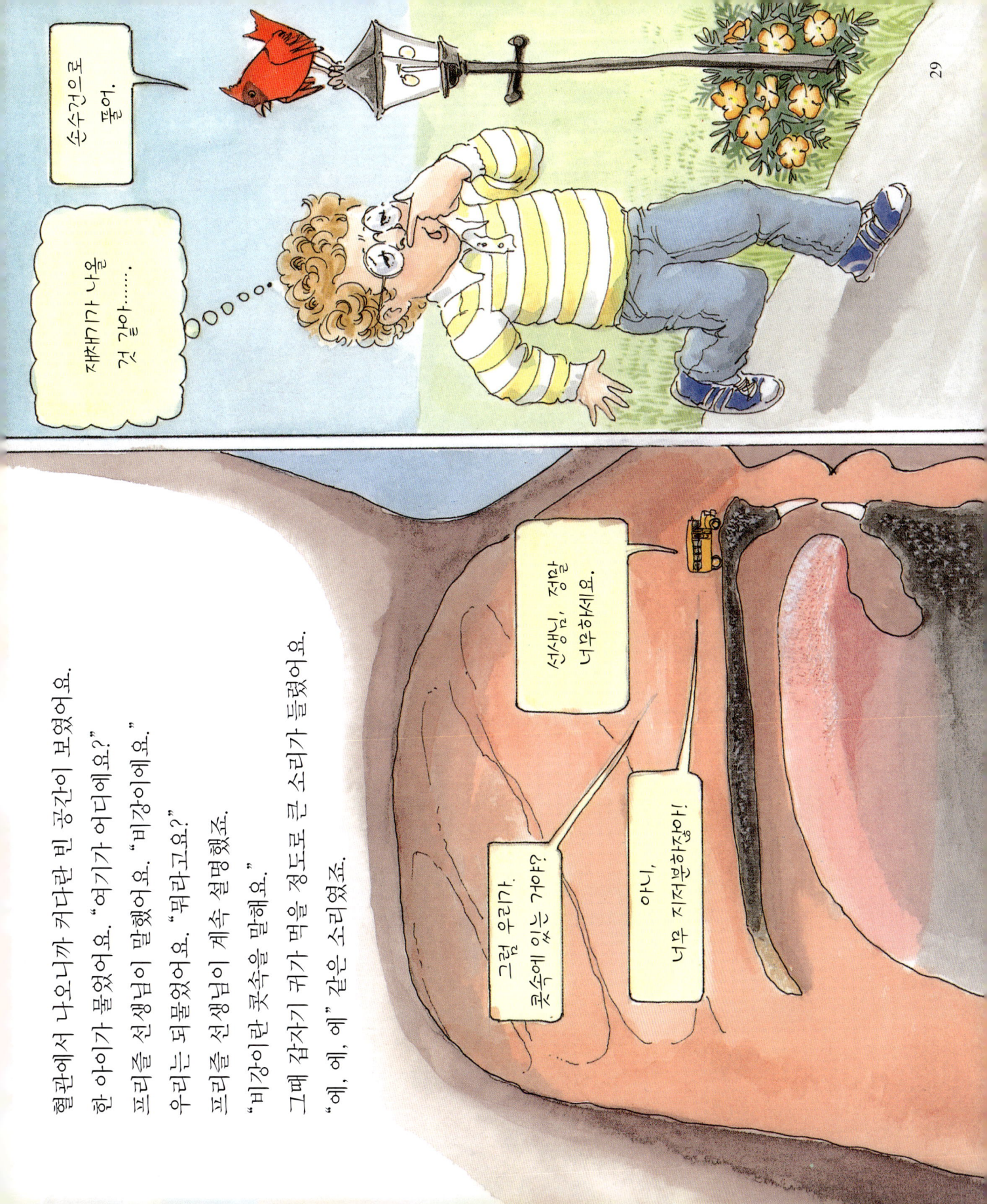

버스가 너무 빨리 움직이는 바람에,
우리는 아무것도 볼 수 없었어요.
하지만 우리가 점점 커지고 있다는 건 알 수 있었죠.
그리고 곧 하고 땅에 닿았어요.
우리는 드디어 학교로 돌아왔어요. 그곳에 아널드가 있었죠.
아널드는 학교 주차장에서 코를 풀고 있었어요.

학교로 돌아왔다!

저기 좀 봐.
애널드가 있어.

우리가 소리쳤어요.
"아널드, 이번 현장 학습은 굉장했어! 함께 갔으면 좋았을 텐데."

야, 어디 갔었어?

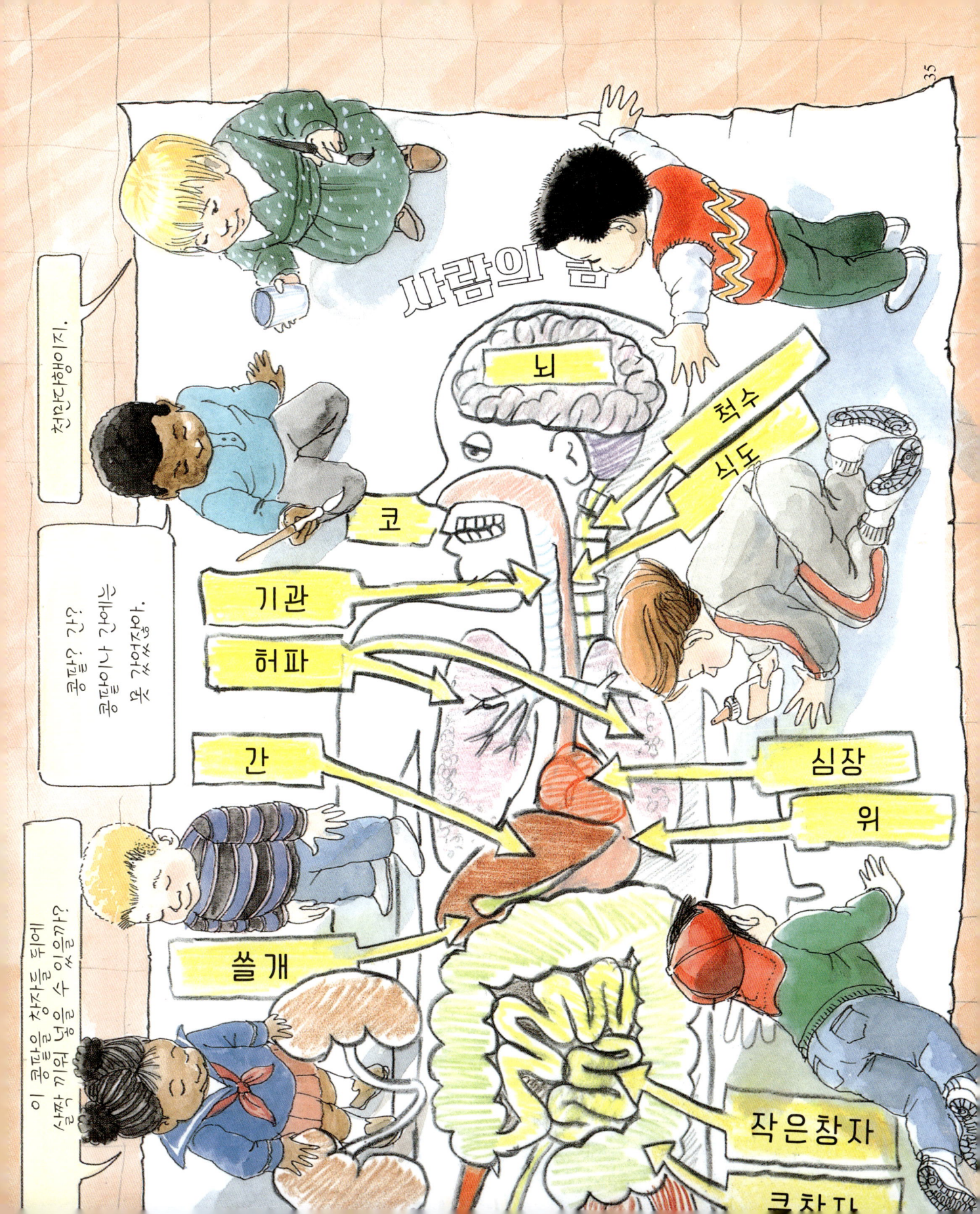

## 맞을까요? 틀릴까요? 알아맞혀 보세요

문제 푸는 방법:

아래 문제들을 읽어 보세요. 그리고 정답을 맞혀 보세요. 답을 맞혔는지 않맞혔는지 알아보려면 옆 페이지에 나오는 정답을 보세요.

문제:

1. 스쿨버스가 사람 몸속에 들어가서 탄 어린이들이 사람 몸을 탐험할 수 있다. 맞을까요? 틀릴까요?
2. 과학관은 지루하다. 맞을까요? 틀릴까요?
3. 아널드가 혼자서 학교로 들어가려고 한 것은 잘못한 일이다. 맞을까요? 틀릴까요?
4. 액체 속에서는 어린이들이 숨을 쉬거나 말을 할 수 없다. 맞을까요? 틀릴까요?
5. 어린이들이 정말로 세포만큼 작다면 현미경 없이는 그 어린이들을 볼 수 없다. 맞을까요? 틀릴까요?
6. 백혈구는 실제로 병균을 쫓아가 잡는다. 맞을까요? 틀릴까요?
7. 프리즐 선생님은 엉망 엉망 학습하는 동안 아널드가 어디 있었는지 알고 있었다. 맞을까요? 틀릴까요?

잠깐! 이 문제들을 꼭 푸세요!
틀려대지는 걱정 말자 보세요!
가나다도 보자 보면 안 돼요!
개미도 둘 둘일이고요!
이 문제를 부터 둘 둘어 보세요.

이 책에서 낚시하지 마세요. 또 봐요!

**정답:**

1 **틀립니다.** 실제로는 그런 일이 일어날 수 없어요. (아널드한테라도 일어날 수 없습니다.) 하지만 이 이야기에서는 글쓴이가 그런 일이 일어나도록 꾸몄습니다. 안 그랬으면 이 책이 사람 몸속에 대한 탐험 이야기가 아니라 과학관에 가는 덜 재미있는 이야기가 될 뻔했으니까요.

2 **틀립니다.** 과학관은 흥미진진하고 재밌습니다. 하지만 사람 몸속에 들어가는 것은 이상하고 정그럽지는 않겠지요.

3 **맞습니다.** 아널드가 길을 잃어버렸을 때, 곱슬곱슬 아저씨를 찾아서 도와 달라고 부탁하는 것이 더 안전했을 겁니다.

4 **맞습니다.** 어린이들이 정말로 혈관 안에 들어간다면 빠져 죽겠죠. 아이들은 분명히 마법에 걸린 거예요.

5 **맞습니다.** 이 책은 세포들과 어린이들을 아주 크게 그렸습니다.

6 **맞습니다.** 믿기 어렵겠지만 백혈구는 정말로 이 책에 나온 것처럼 행동한답니다. 백혈구는 심지어 우리 신체 기관이나 조직에 들어온 병균을 잡으려고 혈관 벽 세포 밖으로 빠져 나가기도 해요.

7 **아마 맞을 겁니다.** 확실한 것은 아무도 모르지만, 사람들 대부분은 프리즐 선생님이 무엇이든 알고 있다고 생각한답니다.

**신나는 과학 퀴즈 정답:**
아널드--아민다 제인 | 식도-근육 도르시 엔 | 빨간 새-람프 | 풀-스쿨버스 | 치즈 과자-세포 | 백혈구-물리

✂ 실선을 따라 오려 주세요.

# 신기한 과학 암기 카드 게임을 해 보자!

1. 캐럭터가 크게 그려진 쪽이 보이게 카드를 흩트려 놓고, 가위바위보를 한다.
2. 이긴 사람이 'Q' 카드 중 한 장을 골라 질문을 크게 읽는다.
3. 그런 다음, 'A' 카드도 한 장 골라 답을 크게 읽는다.

---

**세포**
종류: 허파 세포, 근육 세포, 뇌 세포, 적혈구 등.

🎴 신기한 스쿨버스 ③

이건 너무 쉬운데?
'껍질'이잖아.
난 풀잎 안에 뭐가 들어 있는 것도 안다고!

🎴 신기한 스쿨버스 ③

---

**빨간 새**
특별한 능력: 아이들의 마음의 소리를 들을 수 있음.

🎴 신기한 스쿨버스 ③

오늘 간식으로 뭐 먹었어?
먹다가 흘린 팥진 않았겠지?

🎴 신기한 스쿨버스 ③

---

**아놀드**
오늘의 교훈: 모리슨 선생님 수업에서는 한눈 팔지 말자.

🎴 신기한 스쿨버스 ③

내가 치즈 과자를 먹을 때,
사람진 스쿨버스는
어디로 갔을까?

🎴 신기한 스쿨버스 ③

---

**아만다 제인**
모리슨 선생님에게 하고 싶은 말: 책 읽는 숙제 좀 그만 내주세요.

🎴 신기한 스쿨버스 ③

아직도 네가 먹은 게
치즈 과자라고 생각하는 건
아니겠지?
네가 먹었던 게 바로
스쿨버스였다고!

🎴 신기한 스쿨버스 ③

---

**스쿨버스**
새로 알게 된 사실: 모리슨 선생님 덕에 없어도 움직일 수 있다.

🎴 신기한 스쿨버스 ③

산소가 있으면
선명한 붉은색,
산소가 없으면
칙칙한 붉은색!
왠지 씻을 때 안 씻을 때
내 얼굴과 비슷한데?

🎴 신기한 스쿨버스 ③

---

**시도 근육**
하고 싶은 말: 너무 많이 먹으면 내가 힘들어.

🎴 신기한 스쿨버스 ③

어른의 작은창자 길이는
얼마일까?
(난 작은창자가 아니야.)

🎴 신기한 스쿨버스 ③

※ 가위를 사용할 때 손을 다치지 않도록 유의해 주세요.

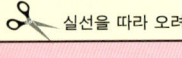
✂ 실선을 따라 오려 주세요.

## 생각이 쑥쑥박스 ①

**늑대**
특징: 새빨간 보를 입고 빨간 스카프를 매고 있음.

심봤다 두 개, 심봤다 두 개.
흥, 네 개야!
어, 우리 집 밥보다 많잖아?
난 밥을 네 개나 가진 부자다!

## 생각이 쑥쑥박스 ②

**백설구**
병명: 맛속 군인(핏속의 나쁜 병균을 물리치니까).

심장에 있는 밥은
모두 몇 개일까?

## 생각이 쑥쑥박스 ③

**딸**
읽고 싶은 것: 위에 소고기를 넣고
소화시키면 햄버거가 될까?

작절子는 산양한
붉은색일까,
칙칙한 붉은색일까?

## 생각이 쑥쑥박스 ④

**도로시 이모**
좋아하는 일: 책 보고 과학 실험 공부하기.

엄청 컸어.
아마 내 키의 다섯 배쯤?
그래서 정확한 수치는……
아, 맞다!
7.5미터쯤이야!
(휴, 다행이다.
겨우 생각났네.)

## 생각이 쑥쑥박스 ⑤

**램프**
패션에 관한 생각: 아주 모자는
정말 뒤로 써야 멋지지!

떡볶이!
떡볶이 먹다가
뒤돌아 봤는데……
윽, 감자기 속이 울렁거려!
설마 소굴배소를
먹은 건 아니겠지?

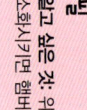

## 생각이 쑥쑥박스 ⑥

**치고 과자**
좋아하는 사람: 어린이(나만 좋아서)
싫어하는 사람: 어른들(많이 먹어서)

작은참자에 있는 것으로
아주 작은 손가락 모양인
것은 뭐게?
(나도 소화되면
이걸 만나겠지?)

※가위를 사용할 때 손을 다치지 않도록 유의해 주세요.

### 글쓴이 조애너 콜

어린 시절 별레, 곤충을 다룬 책들을 즐겨 읽는 과학 소녀였습니다. 초등학교 교사, 사서, 어린이 책 편집자로 일하다가, 어린이 문화과 과학 지식을 결합한 어린이 책을 쓰기로 결심했습니다. 첫 번째 책 「마귀할멈데」를 시작으로 90권이 넘는 책을 펴냈고, 2020년 7월 세상을 떠나셨습니다. 그중 가장 널리 알려진 「신기한 스쿨버스」 시리즈로 뉴베리 아너상, 데이비드 맥코드 문학상 등 많은 상을 받았습니다.

### 그린이 브루스 디건

미국 뉴욕 주에 유니언 대학과 프랫트 대학에서 일러스트를 공부했습니다. 「신기한 스쿨버스」 시리즈를 비롯해 「프리즐 선생님의 신기한 역사 여행」 시리즈, 「토드 선장」 시리즈 등 40권이 넘는 어린이 책에 그림을 그렸습니다.

### 옮긴이 이연수

서울대학교 천문학과를 졸업하고 지금은 과학 관련 도서를 번역하고 있습니다.

### 감수 서울초등기초과학연구회

서울시 교육청 산하 초등교사 100여 명이 모여 연구회로, 과학책을 편찬하고 교육 프로그램을 개발하여 현장에 적용하고 있습니다. 특히 한국연구재단과 함께 '금요일의 과학티가지' 사업을 10년째 운영하며, 초등 과학 교육의 대중화에 앞장서고 있습니다.

---

**전 세계 1억, 국내 1천만의 신화, 어린이 과학책의 베스트셀러**

# 신기한 스쿨버스™ 시리즈

## 신기한 스쿨버스™ 키즈 (전 30권)
조애너 콜 글·브루스 디건 그림 | 이강환, 이현주 옮김 | 5세 이상
우리 아이 첫 과학 그림책, 아이가 좋아하는 내용으로 과학 호기심이 쑥쑥.

## 신기한 스쿨버스™ (전 13권)
조애너 콜 글·브루스 디건 외 그림 | 이강환, 이한음 옮김, 김현영 옮김 | 6세 이상
혼자 읽기 좋은 과학 동화, 읽기 적당한 분량으로 과학과 책 읽기에 자신감이 쑥쑥.

## 신기한 스쿨버스™ (전 13권)
조애너 콜 글·브루스 디건 그림 | 이강환, 이연수, 이한음 옮김 | 8세 이상
전 세계에서 사랑받는 과학책의 베스트셀러. 더 많은 정보로 과학 이해력이 쑥쑥.